Kuo Huey Jen

Vom Himalaja zum Gelben Meer

Chinesische Spezialitäten

FALKEN

VORWORT

China ist das Land der großen Kochkünstler, ein Land, in dem das Kochen schon seit vielen tausend Jahren Tradition ist, ein Land mit einer schier unendlichen Fülle von verschiedenartigsten Lebensmitteln.
Eine Reise durch die chinesische Küche ist eine Reise ohne Ende. Immer wieder trifft man auf Neues und Unbekanntes, auf etwas, das man ausprobieren und kosten sollte. Ähnlich ergeht es jedem, der die großen chinesischen Märkte besucht. Vom Gemüse über Fleisch, Fisch, Geflügel, Wild, Schalen- und Krustentieren sowie exotisches Getier bis hin zu den verschiedenartigsten Teesorten, Heilkräutern und anderen getrockneten Ingredienzien ist hier alles zu finden, und zwar in einer Fülle, die jeden Feinschmecker begeistert und in Staunen versetzt. So wie die Lebensmittel auf den Märkten angeboten werden, frisch und von erstklassiger Qualität, so sollen sie auch in der Küche verarbeitet werden. Nur das Beste ist für die chinesischen Köche gut genug. Ein Prinzip, das sich dann natürlich in der Qualität und im Geschmack der Speisen niederschlägt.
So vielfältig wie das Lebensmittelangebot, so unüberschaubar groß ist auch der Rezeptreichtum der chinesischen Küche. Wir haben Ihnen deshalb in diesem Buch einige Spezialitäten und die besten Rezepte aus den verschiedenen Regionen und von verschiedenen Meisterköchen zusammengetragen, die auch in einer europäischen Küche problemlos zubereitet werden können.
Ihre Kuo Huey Jen

INHALT

Eine Küche mit Tradition ____ 4
Kulinarische Reise durch China ____ 6
Chinesische Tafelfreuden ____ 8
Die Gartechniken ____ 10
Besondere Zutaten ____ 12
Chinesische Gemüseküche ____ 16
Fernöstliche Fleischküche ____ 30
Geheimnisse der Fischküche ____ 42
Kleine Köstlichkeiten ____ 54
Rezeptverzeichnis ____ 64

Eine Küche mit Tradition

„Der Himmel liebt die Menschen, die gut essen" – so lautet ein altes chinesisches Sprichwort, und dementsprechend leben und genießen die Chinesen ihre Küche und das, was sie hervorbringt. Alte Traditionen, verbunden mit der großen Liebe zum Essen in geselliger Runde, werden überall sichtbar, egal ob in den Gasthäusern, auf den Märkten oder in der Familie.

Kulinarische Reise durch China

Wer sich schon einmal ein wenig mit der chinesischen Küche befaßt hat, der wird auch festgestellt haben, daß sich dahinter eine Vielzahl unterschiedlichster Kochstile verbirgt. Zum einen spiegeln sich in ihr verschiedene religiöse und philosophische Prinzipien, die wiederum meist auf der vegetarischen Küche basieren, und zum anderen gibt es die vielen unterschiedlichen Regionalküchen. Was wir heute in den westlichen Ländern als „chinesische Küche" angeboten bekommen, ist bis auf wenige Ausnahmen sehr stark durch die kantonesische Küche geprägt und zudem auf den europäischen und amerikanischen Geschmack abgestimmt. Diese Küche hat leider nur noch sehr wenig mit den alten traditionsreichen Kochkünsten gemeinsam. Doch auch hierzulande spürt man in einigen chinesischen Restaurants einen Wandel, speziell in den Speiselokalen, in denen gelernte Köche aus den großen Kochzentren Chinas ihr Küchenbeil schwingen.
Eine kulinarische Reise quer durch das Land der Mitte sollte sinnvollerweise in Hongkong beginnen. In dieser riesigen auch westlich orientierten Stadt können Sie sich langsam mit der asiatischen Lebensweise und den kulinarischen Köstlichkeiten vertraut machen. Einen Katzensprung weiter in Kanton (Guangzhou) treffen Sie auf den ersten Schmelztiegel chinesischer Köstlichkeiten. Kanton ist eines der bekanntesten Kochzentren mit einer überaus großen Vielfalt an Gemüse, Fleisch, Fisch, Geflügel und Gewürzen. Auch getrocknete Lebensmittel, Heilkräuter und vieles mehr wird dort angeboten und meisterlich zubereitet. Diese Küche zeichnet sich in erster Linie durch ihre gute Bekömmlichkeit und ihre leichten, aber geschmacksintensiven Speisen aus. Durch die Arten- und Sortenvielfalt bedingt ist die Kantonküche diejenige, die die meisten Rezepte entwickelt hat.
Weit bodenständiger präsentiert sich die Küche im Landesinneren. Die Provinzen Yunnan und Szetschuan (Sichuan) sowie daran angrenzende Regionen sind bekannt für vorzügliche kräftige Gerichte, die aus regionalen Produkten zubereitet werden. Auch trifft man in diesen Gebieten immer wieder auf vegetarisch orientierte Kochzentren, die vor allem in den Klöstern zu finden sind.
Die Szetschuanküche ist zwar durch würzig-scharfe Speisen gekennzeichnet, doch wird der gleichnamige Pfeffer nicht in allen Gerichten verwendet. Szetschuanpfeffer, durch seine verzögerte Geschmacksentfaltung für die chinesische Küche interessant, wird nach Gutdünken des jeweiligen Kochs und seiner Gäste eingesetzt.
Reizvoll und ratsam ist es, die Reise von Chengdu, der Hauptstadt der Provinz Szetschuan, in Richtung Peking einzuschlagen und im Grenzgebiet zur Mongolei einen Stop einzulegen. Dort, wo die Lamm- und Hammelgerichte zu Hause sind und zu den besonderen Spezialitäten der „Mongolische Feuertopf" zählt, dort muß der welterfahrene Feinschmecker einfach gewesen sein.
Man muß diese Köstlichkeiten probiert und die ungemein herzliche Gastfreundschaft der Menschen in dieser Region erlebt haben. Ebenso auch in und um Peking. Hier liegt eines der Zentren, das besondere Spezialitäten hervorgebracht hat und deren Tradition erhält. Wer kennt nicht, zumindest dem Namen nach, die berühmte „Pekingente", ein Gericht, das auch heute noch nur von wenigen Köchen meisterlich zubereitet werden kann. Die Originalzuberei-

tung, die mit unseren Mitteln und Kenntnissen nicht nachzuvollziehen ist, sollte wirklich nur in einem Spezialitätenrestaurant genossen werden. Eine weitere Besonderheit in den Gebieten um Peking, eigentlich hinein bis in die Provinz Henan, sind die süß-sauren Gerichte. Ob Fisch, Fleisch, Geflügel oder Gemüse, sehr viele Speisen werden in dieser charakteristischen Geschmacksrichtung angeboten. Auch was die Beilagenküche betrifft, hat diese Region ihre eigenen Spezialitäten. Da hier sehr viel Weizen angebaut wird, finden wir statt Reis köstliche Nudelgerichte, gedämpfte oder gebratene Brotteigkugeln und vieles mehr, das aus Mehl hergestellt werden kann.

Je weiter man wieder von Peking aus in den Süden kommt, desto mehr werden die Beilagen aus Mehl vom Reis abgelöst. Dementsprechend ändert sich auch die Küche. Entlang der Küste, von Shanghai bis hinunter nach Fujian, sind die Gerichte zu Hause, die mit viel Sauce serviert werden. Hier wird sehr viel geschmort und gedünstet, was nicht zuletzt auch daher rührt, daß in dieser Region die beste Sojasauce produziert wird. Bekannt sind gemischte Speisen, für die Fleisch und Fisch gemeinsam verarbeitet werden. Eine weitere Delikatesse und Spezialität bieten diese Landstriche: Die sehr vielfältig gefüllten Teigtaschen, die bei uns so bekannten und geschätzten Frühlingsrollen.

Chinesische Tafelfreuden

Ein Land, das wie China auf eine lange Tradition und Kultur zurückblicken kann, hat natürlich auch eine eigene Eßkultur entwickelt, die für uns Abendländer fremd und so ganz anders ist als unsere eigene. Essen ist bei den Chinesen sehr wesentlich für das körperliche und geistige Wohlbefinden. Dabei ist es für sie aber nicht unbedingt wichtig, opulente Mahlzeiten einzunehmen, sondern für den täglichen Bedarf genügt ihnen durchaus auch etwas Einfaches. Im Gegensatz dazu müssen Feste und Festmenüs großartig und herausragend sein. Jede Region, ja sogar jede Familie hat ihre besonderen Eigenheiten, Traditionen und Regeln, die es einzuhalten gilt. Ein Festmahl wird immer mit möglichst vielen Freunden oder mit der Familie zelebriert, und Menüs mit 20 und mehr Gängen sind keine Seltenheit. Das wichtigste dabei ist eine sorgfältige Vorbereitung, damit der Ablauf des Menüs nicht gefährdet wird und die Speisen rasch nacheinander serviert werden können. Eine feste Speisenfolge so wie bei uns gibt es nicht. Hier zählen das Zusammenspiel und der Kontrast der einzelnen Menükomponenten. Die chinesischen Köche sind Meister ihres Fachs, und angesichts der Vielfalt der Gerichte verwundert es jeden, der in eine Küche kommt, daß er nur einige wenige Arbeitsgeräte sieht. Verglichen mit europäischen Küchen sind die chinesischen äußerst dürftig und sparsam eingerichtet. Mittelpunkt ist der Wok, der meist fest eingebaut ist und in verschiedenen Größen zur Verfügung steht. Messer in der Vielfalt, wie europäische Köche sie benützen, kennt der Chinese ebenfalls nicht. Ihm genügt sein Beil, das höchstens in drei verschiedenen Größen vorhanden ist. Doch wer einmal den chinesischen Meistern auf die Finger sehen durfte, der weiß, wie diese Künstler mit dem Beil um-

zugehen verstehen und mit welchem Geschick sie aus dem kleinsten Gemüse die vollendetsten Kunstwerke entstehen lassen. Doch zurück zum Festmenü. Aufgrund der verschiedenen Garmethoden ist es nicht ungewöhnlich, daß die Vorbereitungen für ein Festmenü bis zu einer Woche dauern. Viele Gerichte werden mit getrockneten Zutaten verfeinert, die eine Quelldauer von bis zu drei Tagen benötigen. Garweisen werden kombiniert, so wird zum Beispiel zuerst gekocht und anschließend noch gebraten oder geräuchert. Auch hier achtet der chinesische Koch immer wieder auf das Zusammenspiel gegensätzlicher Zubereitungsarten. Wenn es dann endlich soweit ist, wird der Tisch mit einem weißen Tischtuch bedeckt und festlich geschmückt. Die notwendigen Schüsseln, Gläser und Tellerchen, die Schälchen mit den verschiedenen Saucen und natürlich die Stäbchen werden aufgedeckt. Was aber auf keiner Tafel fehlen darf, ist der große Drehteller. Er wird in die Mitte des Tisches gestellt und bildet das Herz jeder chinesischen Tafel, denn so kann jeder am Tisch von jedem Gericht leicht kosten. Sobald ein Servierteller auf dem Drehteller leer ist, wird er entfernt und ein neues Gericht aufgetragen. Fast einem Wettstreit gleicht nun das Essen, und unvorstellbar ist es, wieviel ein Chinese bei einem solchen Festmenü verzehren kann. Doch viel größer noch ist die Menge, die der Gastgeber serviert. Ob in der Familie oder im Freundeskreis, nichts ist schlimmer, als wenn alles aufgegessen wird und nichts mehr übrigbleibt. Zeigt es doch, daß die Gäste noch hungrig sind. Erst wenn auch von den raffiniertesten Köstlichkeiten nur noch genascht wird, wird ein guter Gastgeber zufrieden sein und den letzten Gang aufrufen, der meist aus einer Suppe, dem Kochsud, in dem die Gerichte gegart wurden, und einer großen Schüssel Reis besteht.
Als Getränke werden zu einem Festmahl verschiedene Weine, Schnäpse und ein vorzügliches chinesisches Bier serviert. Unabdingbarer Bestandteil jeden Menüs ist aber der Tee, der meist als grüner Tee angeboten wird.

Die Gartechniken

Grundlage der chinesischen Küche sind überlieferte Kochweisen, nach denen man sich ganz präzise richtet, damit die Lebensmittel den Geschmack, die Farbe und die Konsistenz erhalten, die der Feinschmecker so schätzt. Knackig, mit Biß gegart oder weich vom Knochen fallend sind nur einige der vielen verschiedenen Zubereitungsarten, die, häufig kombiniert, alle eines gemeinsam haben, nämlich aus den Produkten das Beste zu machen. Mit der Kenntnis der verschiedenen Garmethoden lassen sich dann auch neue Rezepte entwickeln und chinesische Kochtechniken an europäische Küchenverhältnisse anpassen. Die wichtigsten Grundkochweisen stellen wir Ihnen im folgenden vor. Ein Wort noch zum Binden der Saucen, das in der chinesischen Küche sehr beliebt ist. Wenn in den Rezepten darauf hingewiesen wird, rühren Sie wenig Maisstärke mit etwas Wasser oder kalter Brühe an, gießen dies in die Sauce und lassen alles kurz aufkochen. Hat das Gericht noch nicht die gewünschte Sämigkeit erreicht, können Sie noch etwas angerührte Stärke dazugeben.

Unter Rühren braten

Diese Garmethode ist vor allem in der Region Kanton bis zur Perfektion verfeinert worden. Die Produkte behalten dabei ihren Geschmack sowie ihre Farbe und bleiben bißfest.
Alle Zutaten werden dafür in mundgerechte Stücke geschnitten und anschließend im Wok oder in einer großen Pfanne in wenig heißem Öl unter ständigem Rühren gebraten.
Man beginnt mit den Lebensmitteln, die die längste Garzeit haben – das ist meist das Fleisch. Zartes Gemüse dagegen kommt erst zum Schluß in den Wok. Die Zutaten, die fertiggebraten sind, werden dann ganz einfach an den Rand des Woks geschoben. Hier bleibt das Gargut warm, während am Wokboden die Hitze sehr stark ist und man hier weiterbraten kann. Auch in einer Pfanne können Sie unter Rühren braten. Allerdings sollten Sie dann die Zutaten einzeln garen und erst am Ende zusammengeben.

Rotschmoren

Eine bekannte Kochtechnik ist das Rotschmoren, bei dem unter Rühren gebraten und anschließend das Gargut geschmort wird. Da die Schmorflüssigkeit viel Sojasauce enthält, wird das Schmorgut rot. Abwandlungen sind die verschiedenen Schmorarten, bei denen in weißer oder brauner Sauce gegart wird.

Braten

In der europäischen Küche ist das Braten im Backofen in der Regel kein Problem. Die Chinesen dagegen können ihre Braten bis heute nur in Spezialgeschäften kaufen, da die Herde für die „normale" chinesische Küche viel zu groß sind. Dennoch zählt auch das Braten zu den Hauptgarmethoden, zumal für kleinere Stücke auch der Wok oder eine Pfanne verwendet werden kann.

In schwimmendem Fett garen

Bei dieser Zubereitungstechnik garen die Produkte entweder langsam bei geringer oder schnell bei starker Hitze. Die Lebensmittel werden hierfür im Rohzustand in mundgerechte Stücke geschnitten und dann im erhitzten Öl schwimmend gebraten. Ähnlich wie hierzulande beim Fritieren, so wird auch in China gerne das Gargut vorher in Teig gehüllt oder paniert. Eine Variante ist das Braten durch Begießen. Sehr zarte und hitzeempfindliche Zutaten werden auf einen Sieblöffel gelegt und mit heißem Fett einfach übergossen. Zum einen kann man hierbei den Garpunkt genau steuern, zum anderen bleibt die Form des Garguts erhalten.

In Flüssigkeit garen

Diese Garmethode ist in europäischen Küchen genauso zu Hause. Der chinesische Koch wird auch bei dieser Methode immer die Garzeit genau einhalten, wobei er Fleisch generell so weit gart, daß es vom Knochen fällt. Es gibt Gerichte, speziell bei den Geflügelzubereitungen, in denen das Fleisch so lange gekocht wird, bis auch die Knochen so weich sind, daß sie verzehrt werden können. Gemüse dagegen soll Biß haben und kommt erst kurz vor dem Servieren in die Brühe. Eines sollte man bei dieser Garmethode auf jeden Fall beachten: Die Flüssigkeit darf niemals sprudelnd kochen. Kurz vor dem Siedepunkt hat sie die richtige Temperatur, und das Gargut kann optimal garziehen.

Dämpfen

Diese Garmethode ist in der chinesischen Profiküche sehr beliebt. Aber auch für den Haushalt wurden kleine spezielle Garkörbe entwickelt. Diese Körbe gibt es mittlerweile auch bei uns in Warenhäusern oder in den speziellen Chinaläden zu kaufen. Das Dampfgaren bildet die Grundlage für viele Rezepte der Teigküche. Gedämpfte Brotkugeln oder gefüllte Teigtaschen sind beliebte Spezialitäten. Sie werden in die gewässerten Bambuskörbe gesetzt und in den mit wenig Flüssigkeit gefüllten Wok gestellt. Achten Sie aber darauf, daß Sie grundsätzlich dem Wasser Geschmacksstoffe zusetzen, die dann vom Gargut aufgenommen werden. Bei süßen Speisen wird meist ein wenig Zukker ins Wasser gegeben, herzhafte Köstlichkeiten werden über Salzwasser oder Fleischbrühe gedämpft. Aber auch Reis, Nudeln und Gemüse können über Dampf gegart werden.

BESONDERE ZUTATEN

In der chinesischen Küche ist jeder Koch bestrebt, ausgefallene Zutaten und Produkte auf den Märkten zu suchen und damit seine Gäste zu verwöhnen, denn der chinesische Feinschmecker läßt sich gerne mit Neuem überraschen und versucht zumindest alles. Diese kulinarische Neugier scheint in Kanton besonders ausgeprägt zu sein. So sagt man über die Kantonesen, daß sie alles essen, was vier Füße hat, außer dem Tisch und dem Stuhl. Das zeigt, daß vieles, wenn es nur gekonnt zubereitet und entsprechend serviert wird, auch gut schmeckt.
Auch Sie sollten für Ihre chinesischen Menüs und Gerichte zu Hause schon beim Einkaufen immer etwas Ausgefallenes suchen. Mittlerweile sind unsere Märkte und Lebensmittelabteilungen so gut bestückt, daß es nicht schwer ist, etwas Nichtalltägliches zu bekommen. Speziell an den Verkaufstheken, die Gemüse, Obst und Fisch anbieten, lassen sich immer wieder neue Köstlichkeiten finden. Einige interessante Zutaten, die sehr gerne in der chinesischen Küche verwendet werden, wollen wir Ihnen hier vorstellen.

Reis

Reis darf bei keinem chinesischen Menü fehlen. Die Reiskörner sollen jedoch weicher gekocht werden als sonst üblich und müssen aneinander kleben. Wählen Sie daher keinen parboiled Reis, und kochen Sie ihn mit gerade soviel Wasser, wie die Körner aufsaugen können.

Eiernudeln

Die chinesischen Eiernudeln sind getrocknet in speziellen Chinaläden erhältlich. Sie werden aus Weizen, Eiern, Wasser und Salz hergestellt und müssen vor dem Kochen etwa 5 Minuten eingeweicht werden.

Reiswein

Dieses traditionsreiche alkoholische Getränk wird aus Klebreis, Hefe und Wasser hergestellt und ist auch unter dem Namen Shaoxingwein bekannt. Es entspricht vom Geschmack her dem Sherry, der ein sehr guter Ersatz für den Reiswein ist, und sollte beim Menu nie fehlen.

Cilantro

Die chinesische Petersilie, wie dieses Würzkraut auch genannt wird, findet sehr häufig in der asiatischen Küche Verwendung und ist eigentlich nichts anderes als die Blätter des Korianders. Sie hat einen ausgeprägten Geschmack und wird ähnlich wie die Blattpetersilie verwendet.

Glasnudeln
Diese Nudeln werden aus Sojabohnenmehl hergestellt und sind völlig geschmacksneutral. Sie werden kurz in Wasser eingeweicht und erhitzt. Eine andere Möglichkeit ist, die Nudeln in schwimmendem Fett auszubacken – sie hierfür aber nicht einweichen.

Bambussprossen
Zweimal jährlich werden die frischen Sprößlinge der Bambuspflanze geerntet. Bei uns bekommt man sie nur selten frisch, sondern meistens in Dosen. Die großen, dicken Pflanzenteile werden in Streifen, in Scheiben oder in Würfel geschnitten und nur kurz gegart.

Schnee-Erbsen
Bei uns sind diese Erbsen unter dem Namen Zucker- oder Frühlingserbsen bekannt. Sie sind eine Delikatesse und gehören in jede chinesische Küche. Auf den heimischen Märkten bekommt man sie meist im Frühjahr frisch und sollte sie unbedingt sofort verarbeiten.

Szetschuanpfeffer
Dieses Gewürz ist wegen seines außergewöhnlichen Aromas sehr beliebt. Zuerst kaum zu merken, explodiert er nach einigen Sekunden förmlich auf der Zunge. Der Szetschuanpfeffer wird aus einer roten Pfefferbeere gewonnen, anschließend getrocknet und leicht geröstet.

Fünf-Gewürz-Pulver
Diese Gewürzmischung wird sehr häufig verwendet und enthält meist Anis, Fenchel, Nelken, Zimt und Szetschuanpfeffer. Wer sich das Gewürz selbst mischen will, sollte alle Zutaten in einer trockenen Pfanne kurz rösten, sie dann grob schroten und in eine Pfeffermühle füllen.

Chili
Die Chilischote gibt es auch bei uns getrocknet oder frisch im Handel. Doch Vorsicht vor den kleinen Schärfebomben! Wer es nicht zu scharf haben will, sollte Chiliöl verwenden. Dazu Chilischoten kurz rösten, in Öl erhitzen, abseihen und das Öl abfüllen.

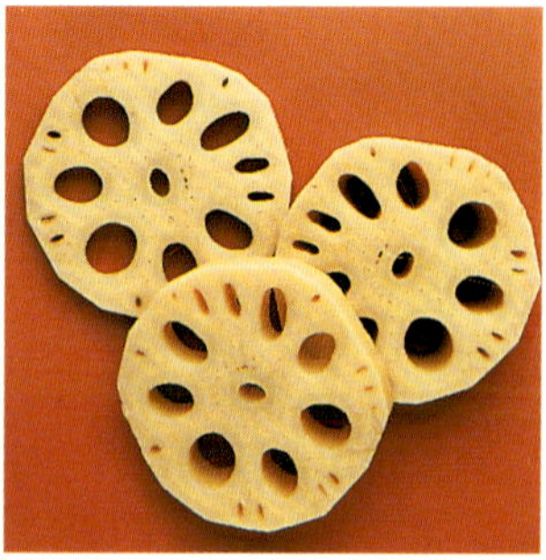

<u>Ingwer</u>

Der Ingwer hat auch bereits in die westliche Küche Einzug gehalten. Er wird frisch, in Sirup eingelegt oder als Pulver angeboten. Frische Ingwerknollen sollten bei längerer Lagerung in ein feuchtes Küchentuch gewickelt und im Kühlschrank aufbewahrt werden.

<u>Lotus</u>

Der Lotus, auch Wasserlilie genannt, wird gerne in der chinesischen Küche verarbeitet: die Blätter als Gemüse, die Samen getrocknet zum Knabbern oder kandiert sowie die Wurzeln, die durch ihr charakteristisches Aussehen und den vorzüglichen Geschmack auffallen.

<u>Sojabohnenkeimlinge</u>

Ein Gemüse, das mittlerweile nicht nur in Dosen, sondern auch als Frischgemüse bei uns angeboten wird. Die Keimlinge kann man aber auch selbst aus Mungbohnen ziehen. Sie sind äußerst vitaminreich und zart und benötigen daher auch nur kurze Garzeiten.

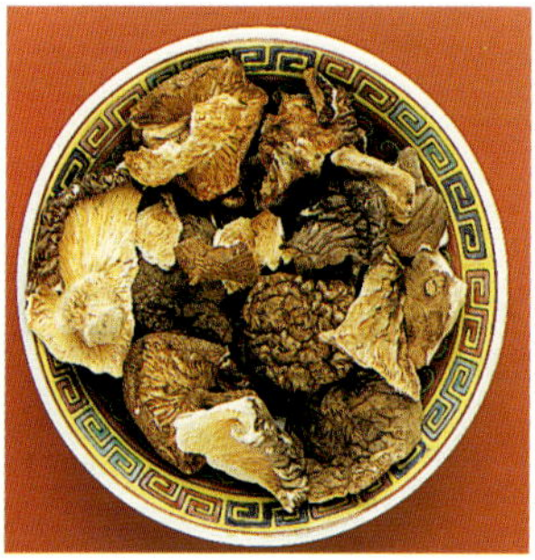

<u>Tongupilze</u>

Wie die Baumpilze, so müssen auch die chinesischen Champignons eingeweicht werden. Hierfür wird die gewünschte Menge in eine Schüssel gegeben und mit lauwarmem Wasser übergossen. Je nach Größe können die Pilze dann nach 30 bis 60 Minuten verarbeitet werden.

<u>Wolkenohrpilze</u>

Diese Pilze, auch unter dem Namen Mu-er- oder Baumpilze bekannt, bekommt man in erster Linie getrocknet. Da sie sehr groß sind, sollte man sie schon vor dem Einweichen (siehe Tongupilze) etwas zerkleinern. Danach müssen die noch harten Stiele entfernt werden.

<u>Lilienknospen</u>

Diese Knospen sind vor allem in der feinen chinesischen Küche anzutreffen, da sie den Gerichten einen charakteristisch lieblichen Geschmack verleihen. Die Knospen werden getrocknet angeboten und müssen daher zuerst eingeweicht werden. Dann die harten Enden abschneiden!

Sojasauce
Die Sojasauce ist eine Reduktion aus fermentierten Sojabohnen, Getreide, meist Reis und Gewürzen. Sie wird in drei verschiedenen Sorten angeboten: als dickflüssige, kräftige dunkle Sauce, als mittelbraune Sojasauce, die am häufigsten verwendet wird, und als helle Sojasauce.

Pflaumensauce
Diese pikante, leicht süßlich schmeckende Sauce ist die typische Beigabe zur Pekingente. Hergestellt wird sie aus pürierten Pflaumen und Aprikosen, die mit Fünf-Gewürz-Pulver, Chili, Essig, Knoblauch und Zucker pikant abgeschmeckt werden.

Hoisinsauce
Diese häufig verwendete Würzsauce gibt es mittlerweile auch schon in gutsortierten Lebensmittelmärkten. Sie besteht aus Sojasauce, Sojabohnenpaste und Sojabohnen sowie aus Knoblauch, Essig und Zucker. Hoisinsauce gibt vielen Gerichten eine pikant süß-säuerliche Note.

Austernsauce
Die Austernsauce gibt es als Fertigprodukt in gutsortierten Feinkostläden. Wer sie lieber selbst herstellen will, braucht nur einige ausgelöste Austern, Muscheln oder etwas Krebsfleisch mit Brühe, Reiswein, Sojasauce, Zucker und Hoisinsauce verkochen, im Mixer pürieren und würzen.

Meistersauce
Diese Würzsauce, auch als Fertigprodukt auf dem Markt, wird aus Rind- oder Hühnerfleisch, Zwiebeln, Knoblauch, Reiswein, Rotwein, Sojasauce, Essig und Wasser hergestellt, mit Fünf-Gewürz-Pulver, Anis, Mandarinenschale und Szetschuanpfeffer gewürzt und reduziert.

Tofu
Im Zuge der Vollwerternährung ist der Tofu auch bei uns bekannt geworden. Es handelt sich dabei um eine quarkähnliche, schnittfeste weiße Masse, die aus geronnener Sojabohnenmilch hergestellt wird. Tofu ist frisch, getrocknet und geräuchert in Spezialgeschäften erhältlich.

Chinesische Gemüse-küche

Ein wichtiger Bestandteil der chinesischen Küche ist das Gemüse. Bedingt durch die großen, weiten Anbauflächen, durch die verschiedenen religiösen Einflüsse und nicht zuletzt auch durch den Preis, ist das Gemüse weder aus der täglichen noch aus der Festtagsküche wegzudenken.

(Gemüsezehnerlei, Rezept S. 18)

Gemüse-zehnerlei

Für 4 Personen
Zubereitungszeit: ca. 1/2 Std.
Quelldauer: ca. 3/4 Std.
ca. 225 kcal

- *6–8 getrocknete Wolkenohrpilze*
- *2 EL Lilienknospen*
- *100 g Glasnudeln*
- *1 Bund Frühlingszwiebeln*
- *1 rote Paprikaschote*
- *100 g Zuckererbsen*
- *100 g Sojabohnenkeimlinge*
- *100 g Bambussprossen*
- *2 Scheiben Ananas (Dose)*
- *2 Ingwernüsse in Sirup*
- *3–4 EL Erdnußöl*
- *150 ml Gemüsebrühe*
- *3 EL Sojasauce*
- *1–2 EL Hoisinsauce*
- *1 Schuß Reiswein*
- *etwas Essig*
- *1 TL Fünf-Gewürz-Pulver*
- *Salz*
- *Szetschuanpfeffer aus der Mühle*

1. Die Pilze, die Lilienknospen und die Glasnudeln mit je 2 Tassen heißem Wasser übergießen und etwa eine 3/4 Stunde quellen lassen.
2. In der Zwischenzeit die Frühlingszwiebeln und die Paprikaschote putzen, waschen und in Streifen schneiden.
3. Die Zuckererbsen und die Sojabohnenkeimlinge verlesen, waschen, gut abtropfen lassen und zusammen mit den Bambussprossen in feine Streifen schneiden.
4. Die abgetropften Ananas und die Ingwernüsse in feine Würfel schneiden.
5. Die Wolkenohrpilze und die Lilienknospen gut abtropfen lassen. Die harten Stielenden abschneiden und die Pilze je nach Bedarf kleinschneiden.
6. Die Glasnudeln ebenfalls abtropfen lassen und mit den übrigen Zutaten bereitstellen.
7. Das Erdnußöl erhitzen. Die Wolkenohrpilze und die Lilienknospen dazugeben und scharf anbraten.
8. Das Gemüse dazugeben und unter ständigem Rühren braten.
9. Mit der Gemüsebrühe ablöschen. Die Sojasauce, die Hoisinsauce, ein Schuß Reiswein, etwas Essig und das Fünf-Gewürz-Pulver darunterrühren.
10. Die Ananas- und die Ingwerwürfel sowie die Glasnudeln unter das Gemüse ziehen und alles nochmals erhitzen. Das Gemüsezehnerlei mit Salz und Szetschuanpfeffer abschmecken.
(auf dem Foto S. 16)

Gebratenes Gemüse mit Garnelen

Für 4 Personen
Zubereitungszeit: ca. 1/2 Std.
Marinierzeit: ca. 1/4 Std.
ca. 395 kcal

- *4–6 Tongupilze, eingeweicht*
- *400 g ausgelöste Garnelenschwänze*
- *2–3 EL Sojasauce*
- *2–3 EL Austernsauce*
- *5 EL Reiswein*
- *Saft von 1 Zitrone*
- *4 Frühlingszwiebeln*
- *100 g Zuckererbsen*
- *100 g Bambussprossen*
- *100 g Sojabohnenkeimlinge*
- *1 rote Paprikaschote*
- *1 grüne Paprikaschote*
- *3–4 EL Erdnußöl*
- *400 g gekochte Nudeln (130 g Rohprodukt)*
- *150 ml Gemüsebrühe*
- *Salz, Pfeffer aus der Mühle*
- *1 Prise Cayennepfeffer*

1. Die Pilze in Streifen schneiden. Die Garnelen in den Würzsaucen, dem Reiswein und dem Zitronensaft 10 bis 15 Minuten marinieren.
2. Das Gemüse putzen, waschen und in dünne Streifen schneiden.
3. Das Öl erhitzen und das Gemüse unter ständigem Rühren darin braten.
4. Die Garnelen mit der Marinade, den Nudeln und der Brühe dazugeben, alles zum Kochen bringen und würzen.
(auf dem Foto rechts)

Rotgekochte Sprossen

Für 4 Personen

Zubereitungszeit: ca. 1/2 Std.
ca. 360 kcal

6–8 Tongupilze, eingeweicht
400 g Bambussprossen
100 g Sojabohnenkeimlinge
4 Frühlingszwiebeln
1 rote Paprikaschote
200 g Schweinehackfleisch
4 EL Erdnußöl
150 ml Gemüsebrühe
5 EL Reiswein
2–3 EL Sojasauce
3–4 EL Meistersauce
1 EL Chilisauce
Salz
Pfeffer aus der Mühle
1 Prise Zucker
Maisstärke zum Binden

1. Die Pilze und die Bambussprossen in Streifen schneiden. Die Sojabohnenkeimlinge verlesen. Die Frühlingszwiebeln und die Paprikaschote putzen und würfeln.
2. Das Schweinehackfleisch im erhitzten Erdnußöl scharf anbraten. Die Frühlingszwiebeln und die Paprikaschote dazugeben und mitbraten.
3. Die Sojabohnenkeimlinge, die Bambussprossen und die Pilze hinzufügen.
4. Mit der Gemüsebrühe, dem Reiswein und den Saucen aufkochen, dann würzen und mit etwas Maisstärke binden.
(auf dem Foto: unten)

Rotgeschmorter Chinakohl

Für 4 Personen
Zubereitungszeit: ca. 1/2 Std.
Quellzeit: ca. 3/4 Std.
ca. 220 kcal

6–8 Tongupilze
1 getrocknete Chilischote
1 kleiner Chinakohl (ca. 500 g)
4 Frühlingszwiebeln
3–4 EL Erdnußöl
5 EL Sojasauce
1 EL Hoisinsauce
5 EL Reiswein
150 ml Gemüsebrühe
1 TL Zucker
Salz
Pfeffer aus der Mühle
1/2 Bund Petersilie

1. Die Pilze und die Chilischote in heißem Wasser 3/4 Stunden quellen lassen.
2. Den Chinakohl putzen und in 3 Zentimeter große Quadrate schneiden. Die Frühlingszwiebeln putzen und in 2 bis 3 Zentimeter lange Stücke schneiden.
3. Das Erdnußöl erhitzen und das Gemüse darin unter Rühren braten.
4. Die kleingeschnittenen Tongupilze und die gehackte Chilischote dazugeben und kurz mitbraten.
5. Die Saucen, den Reiswein und die Brühe angießen und zum Kochen bringen. Das Gemüse 4 bis 5 Minuten schmoren lassen, abschmecken und mit der gehackten Petersilie bestreuen.
(auf dem Foto: oben)

Gemüse mit Tofu

Für 4 Personen
Zubereitungszeit: ca. ½ Std.
ca. 320 kcal

400 g frischer Tofu
4 Frühlingszwiebeln
1 rote Paprikaschote
100 g Sojabohnenkeimlinge
4 EL Erdnußöl
Salz
Pfeffer aus der Mühle
5 EL Sojasauce
5 EL Reiswein
1 TL geriebene Ingwerwurzel
1 TL Zucker
150 ml Gemüsebrühe
Maisstärke zum Binden
6–8 Wolkenohrpilze, eingeweicht
½ Bund Schnittlauch

1. Den Tofu in dünne Streifen oder kleine Würfel schneiden.
2. Die Frühlingszwiebeln putzen, in 2 bis 3 Zentimeter große Stücke schneiden. Die Paprikaschote putzen und in Streifen schneiden; die Sojabohnenkeimlinge verlesen.
3. Das Erdnußöl in einer Pfanne erhitzen und den Tofu darin unter Rühren braten, noch salzen und pfeffern. Den Tofu herausnehmen und in eine Schale geben, die Sojasauce und den Reiswein angießen und mit Ingwer und Zucker würzen.
4. Das Gemüse im verbliebenen Bratfett unter Rühren braten. Die Gemüsebrühe angießen, zum Kochen bringen und das Ganze mit etwas Maisstärke binden.
5. Den Tofu mitsamt der Marinade und den in Streifen geschnittenen Wolkenohrpilzen dazugeben. Die Sauce dann nochmals aufkochen lassen, gut abschmecken und mit frisch geschnittenem Schnittlauch bestreut servieren.
(auf dem Foto oben)

Feinschmecker-Tip

In der chinesischen Küche, vor allem in den Regionen um Peking, wird sehr gerne mit Wein oder Reiswein gekocht. Hierzulande ist es schwierig, einen guten Reiswein zu bekommen, deshalb empfehle ich, im Bedarfsfall auf Sherry zurückzugreifen, der im Geschmack dem Reiswein sehr nahe kommt, und zwar am besten auf Sherry medium.

Gebratenes Gemüsedreierlei

Für 4 Personen
Zubereitungszeit: ca. ½ Std.
ca. 300 kcal

250 g Weißkohl
250 g Chinakohl
250 g Lauch
4–5 EL Sesamöl
2–3 EL Sojasauce
2–3 EL Obstessig
2 EL Zucker
2 EL Pflaumensauce
Salz
weißer Pfeffer aus der Mühle
1 Bund Schnittlauch

1. Den Weißkohl und den Chinakohl halbieren, mit einem scharfen Messer den Strunk herauslösen und die Blätter in etwa 1 Zentimeter breite Streifchen schneiden. Diese waschen und abtropfen lassen.
2. Den Lauch der Länge nach halbieren, unter fließendem Wasser abwaschen und ebenfalls in Streifen schneiden.
3. Das Sesamöl erhitzen und das Gemüse darin unter Rühren braten.
4. Die Sojasauce, den Obstessig, den Zucker und die Pflaumensauce darunterrühren und mit den Gewürzen pikant abschmecken.
5. Das Gemüse mit frisch geschnittenem Schnittlauch bestreuen.
(auf dem Foto unten)

Wirsing süss-sauer mit Schinken

Für 4 Personen
Zubereitungszeit: ca. 1/2 Std.
ca. 350 kcal

4–6 Wolkenohrpilze, eingeweicht
1 kleiner Kopf Wirsing (ca. 600 g)
1 Zwiebel
1 Knoblauchzehe
3–4 EL Erdnußöl
300 ml Gemüsebrühe
2–3 EL Sojasauce
2 EL Tomatenmark
2–3 EL Obstessig
2 EL Honig
Salz, Pfeffer aus der Mühle
1 TL Fünf-Gewürz-Pulver
100 g roher Schinken
Maisstärke zum Binden
einige Tropfen Chiliöl

1. Die Pilze in Streifen schneiden.
2. Den Wirsing putzen, waschen, die Blätter in Streifen oder Quadrate schneiden. Die Zwiebel und die Knoblauchzehe schälen und fein hacken.
3. Das Erdnußöl erhitzen und das Gemüse darin unter Rühren braten.
4. Die Brühe, die Würzzutaten und den feingeschnittenen Schinken dazugeben und das Ganze zum Kochen bringen.
5. Mit wenig Maisstärke binden und das Gericht mit wenig Chiliöl nach Geschmack schärfen.
(auf dem Foto: links)

Mangold mit Hühnerfleisch und Schinken

Für 4 Personen

Zubereitungszeit: ca. 35 Min.

ca. 340 kcal

600 g Mangold
2 Hähnchenbrustfilets
75 g roher Schinken
2 Zwiebeln
2 Knoblauchzehen
Salz
1 TL geriebene Ingwerwurzel
4 EL Sesamöl
3–4 EL Sojasauce
5 EL Reiswein
150 ml Gemüsebrühe
Pfeffer aus der Mühle
1 Prise Koriander
1 Prise Muskatpulver
1 Prise Nelkenpulver
1 Prise Zucker

1. Den Mangold verlesen, waschen und in mundgerechte Stücke schneiden. Die Hähnchenbrustfilets und den Schinken in feine Streifen schneiden.
2. Die Zwiebeln schälen und in Streifen schneiden. Den Knoblauch mit Salz zu einer Paste zerreiben.
3. Die vorbereiteten Zutaten mit dem Ingwer im sehr heißen Sesamöl unter ständigem Rühren braten.
4. Die Sojasauce, den Reiswein und die Gemüsebrühe angießen, das Ganze zum Kochen bringen und kurz schmoren lassen. Das Gericht mit den Gewürzen abschmecken.
(auf dem Foto: rechts)

Geschmorte Gemüse-Kostbarkeiten

Für 4 Personen
Zubereitungszeit: ca. ½ Std.
Quelldauer: ca. ¾ Std.
ca. 260 kcal

4–6 Tongupilze
6–8 Wolkenohrpilze
50 g getrocknete Tofustreifen
1 Zwiebel
1 Knoblauchzehe
2 Karotten
50 g Lauch
75 g Staudensellerie
1 kleiner weißer Rettich
100 g Lotuswurzeln
100 g Bambussprossen
100 g Sojabohnenkeimlinge
4 EL Erdnußöl
¼ l Gemüsebrühe
2–3 EL Sojasauce
2–3 EL Pflaumensauce
2–3 EL Essig
Salz
Pfeffer aus der Mühle
1 Prise Cayennepfeffer
1 Prise Zucker
1 Bund Schnittlauch

1. Die Pilze und die Tofustreifen getrennt mit heißem Wasser übergießen. Dann die Pilze etwa eine ¾ Stunde und den Tofu etwa ½ Stunde quellen lassen.
2. Die Zwiebel und die Knoblauchzehe schälen und fein hacken. Die Karotten, den Lauch, den Staudensellerie und den Rettich putzen und in Würfel, Scheiben oder Streifen schneiden.
3. Die Lotuswurzeln in mundgerechte Stücke und die Bambussprossen in Streifen schneiden. Die Sojabohnenkeimlinge verlesen, waschen und gut abtropfen lassen.
4. Das Erdnußöl in einer Pfanne erhitzen und die Zwiebel und die Knoblauchzehe darin braten. Die Karotten, den Lauch, den Sellerie und den Rettich dazugeben und unter Rühren braten.
5. Die Lotuswurzeln, die Sojabohnenkeimlinge und die Bambussprossen in die Pfanne geben und alles weitere 4 bis 5 Minuten unter Rühren braten.
6. Anschließend die Gemüsebrühe, die Sojasauce, die Pflaumensauce und den Essig darunterrühren und einmal aufkochen lassen.
7. Das Gemüse mit den Gewürzen kräftig abschmecken und mit frisch geschnittenem Schnittlauch bestreut servieren.
(auf dem Foto oben)

Feinschmecker-Tip

Die geschmorten Gemüsekostbarkeiten werden in China sehr gerne auf Reisnudeln oder auch auf gebratenen Eiernudeln serviert.

Perlengemüse mit Hühnercreme

Für 4 Personen
Zubereitungszeit: ca. 50 Min.
ca. 290 kcal

400 g Karotten
1 kleiner weißer Rettich
1 kleine Honigmelone
1 Zucchino
¼ l Gemüsebrühe
2–3 EL Erdnußöl
2 Hähnchenbrustfilets
3–4 Eiweiß
1–2 EL Speisestärke
Salz, Pfeffer aus der Mühle
1 Prise Muskatpulver
1 Prise Nelkenpulver
1 Prise Cayennepfeffer
1 Prise Ingwerpulver
1 Bund Schnittlauch

1. Das Gemüse und die Melone putzen, daraus Kugeln ausstechen und in der Brühe bißfest garen.
2. Das Öl erhitzen, das Gemüse unter Rühren braten und herausnehmen.
3. Das Fleisch durch die feine Scheibe des Fleischwolfs drehen. Mit den Eiweißen, der Speisestärke und der Brühe mischen.
4. Kräftig würzen, in die Pfanne geben und unter ständigem Rühren so lange erhitzen, bis eine sämige, helle Sauce entsteht.
5. Das Gemüse anrichten, mit der Sauce überziehen und mit frisch geschnittenem Schnittlauch bestreuen.
(auf dem Foto unten)

Zuckererbsen mit Pilzen

Für 4 Personen
Zubereitungszeit: ca. ½ Std.
ca. 260 kcal

6–8 Tongupilze, eingeweicht
4–6 Wolkenohrpilze, eingeweicht
4 Frühlingszwiebeln
500 g Zuckererbsen
1 Knoblauchzehe
3–4 EL Erdnußöl
150 ml Gemüsebrühe
2 EL Sojasauce
2 EL Obstessig
2 EL Honig
Salz, Pfeffer aus der Mühle
1 Prise Cayennepfeffer
½ Bund Cilantro

1. Die Pilze in Streifen schneiden.
2. Die Frühlingszwiebeln putzen und in 1 bis 2 Zentimeter dicke Stücke schneiden. Die Zuckererbsen putzen und waschen. Die Knoblauchzehe schälen und fein hacken.
3. Das Erdnußöl erhitzen, das Gemüse und die Pilze dazugeben und unter Rühren braten.
4. Die Gemüsebrühe, die Sojasauce, den Obstessig und den Honig mischen, zum Gemüse geben und das Ganze einmal aufkochen lassen.
5. Das Gemüse gut abschmecken und mit feingehacktem Cilantro bestreuen. Sofort servieren.
(auf dem Foto: oben)

Schnelles Sojabohnengemüse

Für 4 Personen
Zubereitungszeit: ca. 20 Min.
ca. 250 kcal

1 Bund Frühlingszwiebeln
2 Knoblauchzehen
Salz
1 Ingwernuß in Sirup
500 g Sojabohnenkeimlinge
5 EL Sesamöl
5 EL Gemüsebrühe
2–3 EL Sojasauce
2 EL Hoisinsauce
Salz
weißer Pfeffer aus der Mühle
1 Prise Cayennepfeffer
1 Prise Zucker
½ Bund Schnittlauch

1. Die Frühlingszwiebeln putzen und in Stücke schneiden. Die Knoblauchzehe schälen und mit Salz zerreiben. Die Ingwernuß in feine Würfel schneiden. Die Sojabohnenkeimlinge verlesen, waschen und gut abtropfen lassen.
2. Das Sesamöl erhitzen, das Gemüse dazugeben und unter Rühren braten.
3. Die Gemüsebrühe, die Sojasauce und die Hoisinsauce darunterrühren und einmal aufkochen lassen.
4. Das Gemüse kräftig würzen und mit frisch geschnittenem Schnittlauch bestreut servieren.
(auf dem Foto: Mitte)

Pfannengerührter roter Kohl

Für 4 Personen
Zubereitungszeit: ca. ½ Std.
ca. 185 kcal

800 g Weißkohl
1 rote Paprikaschote
1 kleine Chilischote
1 Knoblauchzehe, 1 Zwiebel
3 EL Schweineschmalz
1 EL geriebene Ingwerwurzel
2 EL Tomatenmark
2–3 EL Essig
5 EL Sojasauce
1 TL Zucker
Salz, Pfeffer aus der Mühle
¼ l Gemüsebrühe
1 Bund Schnittlauch

1. Den Weißkohl putzen, halbieren und den Kohl fein raspeln oder in dünne Streifen schneiden.
2. Die Paprikaschote putzen und in dünne Streifen schneiden. Den Kohl und die Paprikastreifen in Salzwasser kurz blanchieren.
3. Die Chilischote und die geschälte Knoblauchzehe fein hacken. Die Zwiebel schälen und fein würfeln. Das Gemüse mit der Chilischote und der Zwiebel im heißen Schweineschmalz unter Rühren braten.
4. Die Gewürze dazugeben und mit der Brühe auffüllen, kurz aufkochen lassen, nochmals gut abschmecken und mit frisch geschnittenem Schnittlauch bestreuen.
(auf den Foto: unten)

FERNÖSTLICHE FLEISCH-KÜCHE

Einem chinesischen Fleischer mit seinem Beil bei der Arbeit zuzusehen ist für jeden Feinschmecker ein großartiges Erlebnis. Fein säuberlich wird das Fleisch zerlegt und meisterlich vorbereitet angeboten. Diese Vorbereitung schätzen nicht nur die chinesischen Köche, sondern auch die Hausfrauen und Hobbyköche.

(Schweinefleisch süß-sauer, Rezept S. 32)

Schweinefleisch süss-sauer

Für 4 Personen
Zubereitungszeit: ca. 35 Min.
ca. 470 kcal

500 g Schweinefilet
Salz
Szetschuanpfeffer aus der Mühle
1 Ei
2 EL Maisstärke
4 EL Sesamöl
1 Zwiebel
1 rote Paprikaschote
2 Karotten
1/4 l Gemüsebrühe
2 EL Tomatenmark
2–3 EL Sojasauce
4 Scheiben Ananas (Dose)
2–3 EL Obstessig
1 TL Curry
Pfeffer aus der Mühle
einige Tropfen Chiliöl
1/2 Bund Schnittlauch

1. Das küchenfertige Schweinefilet in hauchdünne Scheiben schneiden. Die Filetscheiben mit Salz und Szetschuanpfeffer kräftig würzen.
2. Das Ei in eine Schüssel geben und verschlagen, mit der Maisstärke verrühren und die Mischung gleichmäßig über die Fleischscheiben verteilen.
3. Das Ganze mit den Händen auf einer Arbeitsfläche kräftig durcharbeiten. Das Sesamöl erhitzen und das Fleisch darin unter Rühren scharf braten, herausnehmen und bereitstellen.
4. Die Zwiebel schälen und in Streifen schneiden. Die Paprikaschote und die Karotten putzen und ebenfalls in Streifen schneiden. Das Gemüse im verbliebenen Bratfett unter ständigem Rühren braten.
5. Die Gemüsebrühe angießen, das Tomatenmark und die Sojasauce daruntermischen und einmal aufkochen lassen.
6. Die Ananasscheiben in Würfel schneiden, mit dem Obstessig und dem Curry in die Pfanne geben und dann nochmals aufkochen lassen.
7. Das Ganze mit Salz und Pfeffer abschmecken und je nach Geschmack mit Chiliöl schärfen.
8. Das Fleisch zum Gemüse geben, alles nochmals erhitzen, aber nicht mehr kochen lassen, und mit dem frisch geschnittenen Schnittlauch bestreut servieren.
(auf dem Foto S. 30)

Feinschmecker-Tip

Dieses Rezept ist die Grundlage für viele Variationen. So schmeckt Hähnchenfleisch, aber auch Kalbfleisch mit der süß-sauren Sauce vorzüglich.

Rindfleisch mit Zwiebeln

Für 4 Personen
Zubereitungszeit: ca. 35 Min.
ca. 390 kcal

600 g Rinderfilet, küchenfertig
Salz, Pfeffer aus der Mühle
5 EL Sojasauce
2 EL Hoisinsauce
4 cl Reiswein
2 EL Honig
4 Zwiebeln
2 Karotten
4 EL Erdnußöl
150 ml Gemüsebrühe
1 EL Maisstärke
1 Prise Cayennepfeffer

1. Das Filet in Streifen oder feine Würfel schneiden, salzen und pfeffern.
2. Die Sojasauce mit der Hoisinsauce, dem Reiswein und dem Honig mischen und über das Fleisch geben.
3. Die Zwiebeln und die Karotten schälen und in feine Würfel oder dünne Streifen schneiden.
4. Das Erdnußöl erhitzen, das Fleisch darin unter ständigem Rühren braten und herausnehmen. Das Gemüse ins verbliebene Bratfett geben und ebenfalls unter Rühren braten.
5. Die Gemüsebrühe mit der Maisstärke verrühren und mit dem Gemüse kurz aufkochen lassen. Das Fleisch wieder zum Gemüse geben, erhitzen und nochmals abschmecken.
(auf dem Foto rechts)

Hähnchen-streifen mit Paprika

Für 4 Personen

Zubereitungszeit: ca. 35 Min.
ca. 440 kcal

4 Hähnchenbrustfilets
Salz, Pfeffer aus der Mühle
4 EL Tomatenketchup
2 EL Honig, 2 EL Essig
3 EL Sojasauce
2 EL Hoisinsauce
1 TL Fünf-Gewürz-Pulver
2 Zwiebeln
2 rote Paprikaschoten
2 grüne Paprikaschoten
2 Karotten
5 EL Erdnußöl
300 ml Gemüsebrühe
1–2 EL Maisstärke

1. Das Hähnchenfleisch in Streifen schneiden, dann salzen und pfeffern.
2. Das Tomatenketchup, den Honig, den Essig, die Sojasauce, die Hoisinsauce und das Gewürzpulver mischen und über das Fleisch geben.
3. Das Gemüse putzen und in dünne Streifen schneiden.
4. Das Öl erhitzen, das Fleisch darin unter Rühren braten und herausnehmen. Nun das Gemüse im verbliebenen Bratfett unter Rühren braten.
5. Die Brühe mit der Maisstärke verrühren und mit dem Gemüse kurz aufkochen lassen. Das Fleisch hinzufügen und erhitzen.
(auf dem Foto: unten)

Gebackene Hähnchenwürfel mit Gemüse

Für 4 Personen

Zubereitungszeit: ca. 1/2 Std.
ca. 415 kcal

6–8 eingeweichte Wolkenohrpilze
4 Hähnchenbrustfilets
Salz, Pfeffer aus der Mühle
4 EL Sojasauce
1 TL Fünf-Gewürz-Pulver
4 cl Reiswein
2 Eier, 2 EL Maisstärke
Fett zum Ausbacken
1 Chilischote, 1 Zwiebel
1 kleine Stange Lauch
2 Karotten
100 g Staudensellerie
6 Tomaten
4 EL Erdnußöl

1. Die Pilze in Streifen schneiden.
2. Das Fleisch würfeln, salzen und pfeffern. Die Sojasauce, das Gewürzpulver und den Reiswein mit dem Fleisch mischen.
3. Die Eier verschlagen und die Maisstärke darunterrühren, mit dem Fleisch gut mischen.
4. Die Hähnchenwürfel im heißen Fett knusprig ausbacken.
5. Das Gemüse putzen, in Streifen schneiden und alles, außer den Tomaten, im Öl unter Rühren braten.
6. Die Tomaten würfeln, mit den Pilzen und dem Fleisch zum Gemüse geben und kurz erhitzen.
(auf dem Foto: oben)

Gebackene Schweinefleischbällchen

Für 4 Personen
Zubereitungszeit: ca. 1/2 Std.
ca. 650 kcal

600 g Schweinehackfleisch
2 Zwiebeln
2 Eier
3–4 EL Maisstärke
2 EL Sojasauce
2 EL Hoisinsauce
2 Knoblauchzehen
1 TL Fünf-Gewürz-Pulver
1 TL geriebene Ingwerwurzel
Salz, Pfeffer aus der Mühle
1 Prise Cayennepfeffer
1 Prise Zucker
Fett zum Ausbacken

1. Das Hackfleisch in eine Schüssel geben. Die Zwiebeln schälen, fein hacken und mit den Eiern, der Maisstärke, der Sojasauce, der Hoisinsauce, den geschälten und feingehackten Knoblauchzehen, dem Gewürzpulver und der Ingwerwurzel zu einer kompakten Masse verarbeiten.
2. Den Fleischteig mit Salz, Pfeffer, Cayennepfeffer und Zucker kräftig würzen.
3. Mit feuchten Händen kleine Fleischbällchen formen.
4. Das Fett erhitzen und die Schweinefleischbällchen darin goldgelb ausbacken.
(auf dem Foto oben)

Geschmorte Lammfleischscheiben

Für 4 Personen
Zubereitungszeit: ca. 2 1/4 Std.
ca. 780 kcal

1,2 kg Lammkeule ohne Knochen
Salz, 2 Zwiebeln, 2 Karotten
200 g Staudensellerie
4 Knoblauchzehen
25 g Ingwerwurzel
1 Chilischote, 5 EL Reiswein
5 EL Sojasauce
1/4 l Gemüsebrühe
Pfeffer aus der Mühle
2–3 EL Essig
2 Ingwernüsse in Sirup

1. Das Fleisch in 1 Zentimeter dicke Scheiben schneiden und in Salzwasser blanchieren.
2. Das Gemüse in feine Scheiben schneiden.
3. Den geschälten Knoblauch, die Ingwerwurzel und die Chilischote hakken, mit dem Reiswein, der Sojasauce, der Gemüsebrühe und etwas Salz in einen Topf geben. Die Lammscheiben darin bei sehr geringer Hitze 2 bis 3 Stunden köcheln lassen, dabei mehrmals wenden.
4. Etwa 10 Minuten vor Ende der Garzeit das Gemüse dazugeben, mit den Gewürzen und dem Essig abschmecken und die feingehackten Ingwernüsse daruntermischen.
(auf dem Foto unten: rechts)

Rotgeschmorter Schweinebraten

Für 4 Personen
Zubereitungszeit: ca. 2 Std.
ca. 1640 kcal

1,5 kg Schweineschulter mit Schwarte
1 EL Salz, 1 EL Zucker
1 TL gemahlener Sternanis
5 EL Sojasauce
5 EL Reiswein
1 TL geschroteter Pfeffer
4 EL Schweineschmalz
1 Bund Frühlingszwiebeln
4 Karotten
1 kleiner Staudensellerie
1/4 l Gemüsebrühe

1. Die Schweineschwarte längs und quer einschneiden und das Fleisch in Salzwasser eine 3/4 Stunde garen.
2. Die Gewürze miteinander mischen und das Fleisch damit einstreichen.
3. Das Schmalz erhitzen, das Fleisch anbraten und eine 3/4 Stunde braten.
4. Etwa 20 Minuten vor Ende der Garzeit das kleingeschnittene Gemüse dazugeben, während der Garzeit öfter mit der Gemüsebrühe ablöschen.
5. Die restliche Marinade in die Sauce geben und das Fleisch garschmoren. Das Fleisch herausnehmen, in mundgerechte Stücke schneiden, dann mit dem Gemüse und der Sauce überziehen.
(auf dem Foto unten: links)

Entenfleischwürfel mit Früchten

Für 4 Personen

Zubereitungszeit: ca. 1½ Std.
ca. 935 kcal

Für die Entenfleischwürfel:

600 g Entenfleisch ohne Knochen
2 Bund Suppengemüse
Salz
150 ml Reiswein
5 EL Sojasauce
1 TL Fünf-Gewürz-Pulver
2 EL Hoisinsauce
Pfeffer aus der Mühle
200 g Mehl
150 ml Weißwein
1 Eigelb
1 Eiweiß
Fett zum Ausbacken

Für die Sauce:

1 Bund Frühlingszwiebeln
1 rote Paprikaschote
1 grüne Paprikaschote
100 g Lychees
100 g Ananas
2 EL Sesamöl
¼ l Geflügelbrühe
2–3 EL Tomatenmark
einige Tropfen Chiliöl
einige Tropfen Essig
Maisstärke zum Binden

1. Das Entenfleisch in Würfel schneiden.

2. Das geputzte Suppengemüse in Salzwasser zum Kochen bringen und das Fleisch darin eine ¾ Stunde garen. Anschließend die Würfel herausnehmen.

3. Den Reiswein, die Sojasauce, das Gewürzpulver und die Hoisinsauce mischen, das Fleisch salzen, pfeffern, mit der Marinade übergießen und kurz marinieren.

4. Für den Ausbackteig das Mehl, den Weißwein und das Eigelb in einer Schüssel glattrühren. Das Eiweiß steifschlagen und vorsichtig darunterheben.

5. Die Entenfleischwürfel darin wenden und im heißen Fett ausbacken.

6. Für die Sauce das Gemüse putzen und in 1 bis 2 Zentimeter große Stücke schneiden. Die Lychees schälen, die Ananas kleinwürfeln.

7. Das Sesamöl in einem Topf erhitzen und das Gemüse unter Rühren braten. Die Lychees und die Ananas zum Gemüse geben und kurz mitbraten.

8. Die Geflügelbrühe und das Tomatenmark mit der restlichen Entenmarinade mischen, zum Gemüse geben und aufkochen lassen.

9. Je nach Geschmack mit Chiliöl und Essig abschmecken und mit Maisstärke binden.

10. Die Entenfleischwürfel in der Sauce kurz erhitzen.

Weissgekochte Ente mit Gemüse

Für 4 Personen
Zubereitungszeit: ca. 3 Std.
ca. 1195 kcal

1 küchenfertige Ente
(1,2 bis 1,5 kg)
Salz
300 ml Reiswein
150 ml Essig
1½–2 l Gemüsebrühe
150 ml Sojasauce
4 EL Hoisinsauce
1 EL geriebene Ingwerwurzel
2 Chilischoten
1 EL Zucker
1 Bund Frühlingszwiebeln
500 g Weißkohl
500 g Chinakohl
Pfeffer aus der Mühle
1 Prise Korianderpulver
1 Prise Anispulver
1 TL Fünf-Gewürz-Pulver
1 Bund Cilantro

1. Die küchenfertige Ente unter fließendem Wasser abwaschen, gut abtropfen lassen und in Salzwasser 5 Minuten kochen. Herausnehmen, nochmals unter fließendem Wasser abwaschen und gut abtropfen lassen.
2. Den Reiswein, den Essig, die Gemüsebrühe, die Sojasauce und die Hoisinsauce mischen und in einem Topf zum Kochen bringen.
3. Die Ingwerwurzel, die feingehackten Chilischoten, 1 Eßlöffel Salz und den Zucker in die Brühe geben und sie nochmals aufkochen lassen.
4. Die Ente in die Brühe legen und bei mäßiger Hitze 2 bis 2½ Stunden leise köcheln lassen.
5. In der Zwischenzeit die Frühlingszwiebeln putzen und in 1 bis 2 Zentimeter große Stücke schneiden. Den Weißkohl und den Chinakohl putzen, die Blätter in 2 bis 3 Zentimeter große Quadrate schneiden.
6. Etwa 30 Minuten vor Ende der Garzeit die Frühlingszwiebeln und den Weißkohl zur Ente geben.
7. Etwa 10 Minuten vor Ende der Garzeit den Chinakohl dazugeben.
8. Die Brühe mit Salz, Pfeffer, Korianderpulver, Anis und Fünf-Gewürz-Pulver kräftig abschmecken.
9. Bei mäßiger Hitze so lange kochen lassen, bis die Ente und das Gemüse vollständig gar sind.
10. Nun die Ente aus der Brühe nehmen, das Gemüse gleichmäßig darauf verteilen und mit frisch geschnittenem Cilantro bestreuen.
(auf dem Foto: oben)

Putenfleischwürfel mit Ingwersauce

Für 4 Personen
Zubereitungszeit: ca. ½ Std.
ca. 405 kcal

6 – 8 Wolkenohrpilze, eingeweicht
500 g Putenbrust
50 g Maisstärke
1 TL Fünf-Gewürz-Pulver
1 TL geschroteter Pfeffer
4 EL Erdnußöl
2–3 Chilischoten
2–3 Knoblauchzehen
1 Bund Frühlingszwiebeln
1 EL geriebene Ingwerwurzel
150 ml Reiswein
¼ l Geflügelbrühe
2–3 EL Sojasauce
Maisstärke zum Binden

1. Die eingeweichten Pilze in Streifen schneiden.
2. Das Fleisch in mundgerechte Würfel schneiden.
3. Die Maisstärke mit dem Gewürzpulver und dem Pfeffer mischen. Das Fleisch darin wenden, im heißen Öl unter Rühren braten und herausnehmen.
4. Die Chilischoten und den geschälten Knoblauch hacken, mit den kleingeschnittenen Frühlingszwiebeln und der Ingwerwurzel ins Bratfett geben und unter Rühren braten.
5. Den Reiswein, die Brühe und die Sojasauce dazugeben, aufkochen lassen und die Sauce mit etwas Maisstärke binden.
(auf dem Foto: unten)

GEHEIMNISSE DER FISCHKÜCHE

Jeder chinesische Koch hat sein eigenes Spezialgebiet, auf dem er ausgebildet wurde und in dem er ausschließlich tätig ist. Ein Fischkoch in einem großen Restaurant wird niemals mit Fleisch arbeiten. Einige dieser köstlichen Rezepte sind entdeckt und von uns für Sie aufgeschrieben worden.

(Scharf gebratener Fisch, Rezept S. 44)

Scharf gebratener Fisch

Für 4 Personen
Zubereitungszeit: ca. 3/4 Std.
Marinierzeit: ca. 4 Std.
ca. 580 kcal

800 g Fischfilet
5 EL Sojasauce
5 EL Reiswein
Salz
1 TL geschrotete Pfefferkörner
1 TL geriebene Ingwerwurzel
1 Knoblauchzehe
1/4 l Gemüsebrühe
1 EL Austernsauce
2 EL Honig
2–3 EL Essig
1/2 TL Fünf-Gewürz-Pulver
150 ml Erdnußöl
Pfeffer aus der Mühle
etwas Zitronensaft
1/2 Bund Schnittlauch

1. Das Fischfilet in Streifen schneiden und in eine Schüssel geben.
2. Die Sojasauce mit dem Reiswein, dem Salz und den geschroteten Pfefferkörnern, der Ingwerwurzel sowie der geschälten und feingehackten Knoblauchzehe mischen, über die Fischfilets geben und das Ganze zugedeckt im Kühlschrank mindestens 3 bis 4 Stunden marinieren.
3. Anschließend die Fischfilets herausnehmen und gut abtropfen lassen.
4. Die Marinade mit der Brühe, der Austernsauce, dem Honig, dem Essig sowie dem Gewürzpulver zum Kochen bringen.
5. Die Fischfiletstreifen in den Sud geben und darin 8 bis 10 Minuten garen. Herausnehmen und gut abtropfen lassen.
6. Das Erdnußöl in einer Pfanne erhitzen und die Fischstreifen darin vorsichtig unter Rühren braten.
7. Die Fischstreifen anschließend herausnehmen, anrichten, mit Salz und Pfeffer bestreuen und mit Zitronensaft beträufeln. Mit frisch geschnittenem Schnittlauch bestreuen und sofort servieren.
(auf dem Foto S. 42)

Feinschmecker-Tip

Dieses Rezept ist in China sehr beliebt und wird bestimmt Ihren Geschmack treffen. Es eignen sich eigentlich alle Fischsorten, die ein festes, weißes Fleisch besitzen. Sie sollten aber bei der Verarbeitung darauf achten, daß der Fisch – und dies gilt auch für andere Fischrezepte – möglichst ganz frisch ist.

Süss-saure Fischwürfel

Für 4 Personen
Zubereitungszeit: ca. 3/4 Std.
ca. 575 kcal

800 g Rotbarschfilet
Saft von 1 Zitrone
5 EL Sojasauce
5 EL Essig
Salz
weißer Pfeffer aus der Mühle
1 TL Fünf-Gewürz-Pulver
Zucker nach Geschmack
2 Eier
50 g Maisstärke
Fett zum Ausbacken
4 Karotten, 100 g Erbsen
1 Zwiebel
1 EL Erdnußöl
1/4 l Tomatensauce
(Fertigprodukt)

1. Das Fischfilet in Würfel schneiden, mit Zitronensaft, Sojasauce und Essig beträufeln und kurz ziehen lassen. Mit Salz, Pfeffer, Gewürzpulver und Zucker nach Geschmack würzen.
2. Die Fischwürfel zuerst in den verquirlten Eiern und dann in der Maisstärke wenden und im heißen Fett ausbacken. Herausnehmen und warm stellen.
3. Das Gemüse putzen, kleinschneiden und im Öl unter Rühren braten. Die Fischmarinade und die Tomatensauce angießen und zum Kochen bringen.
4. Die Fischwürfel in die Sauce geben und nochmals kurz erhitzen.
(auf dem Foto rechts)

Karpfen in saurer Sauce

Für 4 Personen
Zubereitungszeit: ca. 35 Min.
ca. 605 kcal

800 g Karpfenfilet
Saft von 1 Zitrone
5 EL Sojasauce
1 TL Fünf-Gewürz-Pulver
1 EL geriebene Ingwerwurzel
Salz, Pfeffer aus der Mühle
2 Eiweiß
50 g Maisstärke
Fett zum Ausbacken
2 Chilischoten
2 Knoblauchzehen
1 rote Paprikaschote
1 grüne Paprikaschote
2 EL Erdnußöl
1 Glas chinesische Mixed Pickles
1/4 l Gemüsebrühe

1. Die Karpfenfilets in Streifen schneiden, mit Zitronensaft, Sojasauce, Gewürzpulver, Ingwerwurzel, Salz und Pfeffer mischen und kurz ziehen lassen.
2. Die Fischstreifen mit den Eiweißen und der Maisstärke mischen und in heißem Fett ausbacken.
3. Die Chilischoten und die Knoblauchzehen hakken, mit den gewürfelten Paprikaschoten in Öl unter Rühren braten. Die Mixed Pickles dazugeben, die Gemüsebrühe angießen und aufkochen lassen.
4. Die gebackenen Karpfenstreifen mit der heißen Sauce überziehen.
(auf dem Foto: oben)

Tintenfisch mit Gemüse

Für 4 Personen

Zubereitungszeit: ca. 3/4 Std.
ca. 540 kcal

600 g Tintenfisch (TK-Produkt)
1 Bund Frühlingszwiebeln
100 g Staudensellerie
100 g Bambussprossen
100 g Chinakohl
100 g Sojabohnenkeimlinge
3–4 EL Erdnußöl
100 g fetter Speck
1 TL geriebene Ingwerwurzel
1 Chilischote
1 EL Hoisinsauce
1 EL Austernsauce
1/4 l Gemüsebrühe
Salz, Pfeffer aus der Mühle
1 Schuß Reiswein
Maisstärke zum Binden

1. Den Tintenfisch in sehr feine Ringe und das geputzte Gemüse in mundgerechte Stücke schneiden.
2. Das Erdnußöl erhitzen und den in Würfel geschnittenen Speck darin auslassen. Den Ingwer und die feingehackte Chilischote dazugeben und kurz unter Rühren braten.
3. Das Gemüse, die Sprossen, die Keimlinge und die Tintenfischringe ebenfalls darin braten.
4. Die Würzsaucen und die Gemüsebrühe daruntermischen und zum Kochen bringen. Mit Salz, Pfeffer und Reiswein abschmecken und mit etwas Maisstärke binden.
(auf dem Foto: unten)

Gebratener Fisch in Hoisinsauce

Für 4 Personen
Zubereitungszeit: ca. 3/4 Std.
Marinierzeit: ca. 1/4 Std.
ca. 450 kcal

1 kg Seezungen- oder Schollenfilet
5 EL Essig
Salz, Pfeffer aus der Mühle
2 Eiweiß
2 EL Maisstärke
1 Prise Backpulver
4 EL Erdnußöl
2 Knoblauchzehen
1 Bund Frühlingszwiebeln
5 EL Sojasauce
2 EL Hoisinsauce
1 TL geriebene Ingwerwurzel

1. Das Fischfilet in mundgerechte Scheiben schneiden, mit dem Essig übergießen, salzen, pfeffern und 10 bis 15 Minuten ziehen lassen.
2. Die Eiweiße, die Maisstärke und etwas Backpulver mischen, über die Fischscheiben geben und alles gut vermengen.
3. Die Fischscheiben portionsweise im Öl braten.
4. Den gehackten Knoblauch und die kleingeschnittenen Frühlingszwiebeln im verbliebenen Bratfett unter Rühren braten.
5. Die Sojasauce, die Hoisinsauce, die Ingwerwurzel und die Fischscheiben dazugeben. Dann alles gut mischen und erhitzen.
(auf dem Foto oben)

Pfannengerührte Scampi

Für 4 Personen
Zubereitungszeit: ca. 35 Min.
ca. 465 kcal

500 g ausgelöste Scampi
5 EL Erdnußöl
2 Knoblauchzehen
1 Zwiebel, 2 Karotten
400 g Chinakohl oder Wirsing
1 TL geriebene Ingwerwurzel
150 ml Reiswein
1/4 l Gemüsebrühe
2–3 EL Sojasauce
2 EL Austernsauce
1 TL Fünf-Gewürz-Pulver
2 EL Maisstärke
1/2 Bund Petersilie

1. Die Scampi unter fließendem Wasser gut abwaschen und gut abtropfen lassen. Im erhitzten Erdnußöl unter Rühren braten und herausnehmen.
2. Die geschälten Knoblauchzehen fein hacken, das geputzte Gemüse in Streifen schneiden. Beides im verbliebenen Bratfett unter Rühren braten.
3. Die Ingwerwurzel, den Reiswein, die Gemüsebrühe, die Sojasauce, die Austernsauce und das Gewürzpulver dazugeben und zum Kochen bringen.
4. Das Ganze mit der Maisstärke binden, die Scampi dazugeben, nochmals erhitzen und mit der gehackten Petersilie bestreut servieren.
(auf dem Foto unten: links)

Garnelenschwänze mit Tofu

Für 4 Personen
Zubereitungszeit: ca. 1 Std.
ca. 530 kcal

4–6 Wolkenohrpilze, eingeweicht
1 Zwiebel
1 rote Paprikaschote
1 grüne Paprikaschote
400 g ausgelöste Garnelenschwänze
Saft von 1 Zitrone
200 g Schweinehackfleisch
1 TL geriebene Ingwerwurzel
2–3 EL Erdnußöl
Salz, Pfeffer aus der Mühle
200 g Tofu
5 EL Sojasauce
5 EL Reiswein
1 EL Austernsauce
1 EL Hoisinsauce
1/4 l Gemüsebrühe
Maisstärke zum Binden

1. Die Pilze und das geputzte Gemüse in Streifen schneiden. Die Garnelenschwänze mit dem Zitronensaft beträufeln.
2. Zuerst das Hackfleisch mit dem Ingwer, dann die Garnelenschwänze und zuletzt das Gemüse unter Rühren braten.
3. Das Fleisch, die Garnelenschwänze, den in Würfel geschnittenen Tofu, die Gewürzsaucen, den Reiswein und die Brühe zum Gemüse geben und zum Kochen bringen.
4. Mit Maisstärke binden.
(auf dem Foto unten: rechts)

Krevettenkugeln mit Gemüsenudeln

Für 4 Personen
Zubereitungszeit: ca. ¾ Std.
Zeit zum Trocknen: ca. ¾ Std.
ca. 1130 kcal

- *250 g chinesische Eierbandnudeln*
- *Salz*
- *4 Frühlingszwiebeln*
- *2 Karotten*
- *100 g Staudensellerie*
- *100 g Zuckererbsen*
- *500 g ausgelöste Krabben oder Krevetten*
- *200 g durchwachsener Schweinebauch*
- *2 Eier*
- *2–3 EL Sojasauce*
- *2 EL Austernsauce*
- *1 Schuß Reiswein*
- *Pfeffer aus der Mühle*
- *½ TL Fünf-Gewürz-Pulver*
- *1 Prise Zucker*
- *4–5 EL Maisstärke*
- *Fett zum Ausbacken*
- *150 ml Erdnußöl*
- *3–4 EL Erdnußbutter*
- *3–4 EL Sojasauce*
- *1–2 EL Hoisinsauce*
- *1–2 EL Chilisauce*
- *150 ml Reiswein*

1. Die Nudeln 10 Minuten in heißem Wasser einweichen und danach 4 bis 5 Minuten in Salzwasser garen, herausnehmen, gut abtropfen lassen, auf einem Backblech ausbreiten und etwa 45 Minuten trocknen lassen.
2. Die Frühlingszwiebeln, die Karotten, den Staudensellerie und die Zuckererbsen putzen und in kleine Stücke schneiden.
3. Die Krabben oder Krevetten und den Schweinebauch durch die feine Scheibe des Fleischwolfs drehen und in eine Schüssel geben.
4. Die Eier, die Sojasauce, die Austernsauce und etwas Reiswein dazugeben und alles zu einer kompakten Masse verkneten.
5. Den Fleischteig mit den Gewürzen abschmecken und mit der Maisstärke mischen.
6. Mit feuchten Händen mundgerechte Kugeln formen und diese im schwimmenden Fett goldgelb ausbacken.
7. Das Erdnußöl erhitzen, die Nudeln darin unter Rühren braten. Herausnehmen und im restlichen Bratfett das Gemüse unter Rühren braten.
8. Die Erdnußbutter, die Sojasauce, die Hoisinsauce, die Chilisauce und den Reiswein dazugeben und einmal aufkochen lassen.
9. Die gebratenen Nudeln dann unter die Gemüsemischung heben und mit Salz und Pfeffer nochmals kräftig abschmecken.
10. Die gebratenen Gemüsenudeln anrichten, die Krevettenkugeln darauf legen und sofort servieren.

Fisch mit gerösteten Fettwürfeln

Für 4 Personen
Zubereitungszeit: ca. 3/4 Std.
ca. 830 kcal

- *1 küchenfertiger Barsch (ca. 1,5 kg)*
- *Saft von 2 Zitronen*
- *Salz, Pfeffer aus der Mühle*
- *5 EL Essig*
- *2 Zwiebeln*
- *2 Bund Suppengemüse*
- *200 g fetter Speck*
- *1 Bund Frühlingszwiebeln*
- *100 g Cashewkerne*

1. Den Fisch mit dem Zitronensaft beträufeln, mit Salz und Pfeffer bestreuen.
2. Nun 1½ Liter Wasser mit dem Essig in einen Topf geben und zum Kochen bringen. Das geputzte Gemüse kleinschneiden, dazugeben und 5 bis 6 Minuten köcheln lassen.
3. Den Fisch in den Sud geben und in 15 bis 20 Minuten gar ziehen lassen.
4. Den Speck fein würfeln und in einer Pfanne unter ständigem Rühren auslassen. Die kleingeschnittenen Frühlingszwiebeln und die Cashewkerne daruntermischen und erhitzen.
5. Den Fisch anrichten, das Gemüse aus dem Sud gut abtropfen lassen und gleichmäßig auf dem Fisch verteilen. Dann die Speckmischung sehr heiß darüberstreuen.
(auf dem Foto: oben)

Jakobsmuscheln mit Hühnerfleischstreifen

Für 4 Personen
Zubereitungszeit: ca. 1 Std.
ca. 380 kcal

- *4–6 Tongupilze, eingeweicht*
- *2 Hähnchenbrustfilets*
- *Salz, Pfeffer aus der Mühle*
- *1 TL Fünf-Gewürz-Pulver*
- *400 g Jakobsmuschelfleisch*
- *Saft von 1 Zitrone*
- *1 Zwiebel*
- *1 kleiner Zucchino*
- *½ Salatgurke*
- *4 Tomaten*
- *4 EL Erdnußöl*
- *3–4 EL Sojasauce*
- *1–2 EL Austernsauce*
- *¼ l Geflügelbrühe*
- *Maisstärke zum Binden*

1. Die Pilze und das Fleisch in Streifen schneiden, mit Salz, Pfeffer und Gewürzpulver würzen. Die Muscheln mit dem Zitronensaft beträufeln. Das Gemüse putzen und fein schneiden.
2. Zuerst das Fleisch, dann die Muscheln und zum Schluß Zwiebel, Zucchino und Gurke unter Rühren braten.
3. Das Hähnchenfleisch, die Jakobsmuscheln und die Tomaten zum Gemüse geben und erhitzen.
4. Die Sojasauce, die Austernsauce und die Geflügelbrühe angießen, erhitzen und mit etwas Maisstärke binden.
(auf dem Foto: Mitte)

Gekochter Rotbarsch in weisser Sauce

Für 4 Personen
Zubereitungszeit: ca. 1 Std.
ca. 460 kcal

- *6–8 Tongupilze, eingeweicht*
- *1 küchenfertiger Rotbarsch (ca. 1,5 kg)*
- *150 ml Weißwein*
- *Saft von 1 Zitrone*
- *5 EL Essig*
- *1 Zwiebel*
- *2 Karotten*
- *200 g Staudensellerie*
- *1 l Hühnerbrühe*
- *150 ml Milch*
- *3–4 EL Maisstärke*
- *Salz*
- *Pfeffer aus der Mühle*

1. Die eingeweichten Pilze in Streifen schneiden.
2. Den Rotbarsch in eine Schüssel geben, mit dem Weißwein, dem Zitronensaft und dem Essig beträufeln.
3. Das Gemüse putzen und in Stücke schneiden. Die Hühnerbrühe erhitzen, das Gemüse hineingeben und zum Kochen bringen.
4. Den Fisch in die Brühe legen und bei mäßiger Hitze in 18 bis 20 Minuten gar ziehen lassen.
5. Von der Brühe ½ Liter abnehmen, mit der Milch nochmals erhitzen und mit der angerührten Maisstärke binden. Die weiße Sauce würzen und über den Fisch gießen.
(auf dem Foto: unten)

Kleine Köstlichkeiten

Reich ist die chinesische Küche an kleinen Leckereien, die in einem Menü oder einfach zwischendurch serviert werden. Dim sum – so heißen diese Köstlichkeiten, die überall in kleineren und größeren Garküchen am Rande der Straßen angeboten werden – sind immer eine Versuchung für den Gaumen.

(Gemüsesuppe mit Schweinefleisch, Rezept, S. 56)

Gemüsesuppe mit Schweinefleisch

Für 4 Personen
Zubereitungszeit: ca. 40 Min.
ca. 240 kcal

6–8 Tongupilze, eingeweicht
4 Frühlingszwiebeln
2 Karotten
50 g Staudensellerie
100 g Sojabohnenkeimlinge
100 g Bambussprossen
200 g mageres Schweinefleisch
100 g Krabben oder Krevetten
1 l Gemüsebrühe
Salz, Pfeffer aus der Mühle
1 Msp. Ingwerpulver
1 TL Fünf-Gewürz-Pulver
2 Eier

1. Die eingeweichten Pilze in Streifen schneiden.
2. Das geputzte Gemüse in mundgerechte Stücke schneiden. Die Keimlinge verlesen, die Bambussprossen in dünne Streifen schneiden.
3. Das Schweinefleisch in hauchdünne Scheibchen oder Streifen schneiden. Die Krabben oder Krevetten unter fließendem Wasser abwaschen und gut abtropfen lassen.
4. Die Gemüsebrühe erhitzen und alle vorbereiteten Zutaten darin 15 bis 20 Minuten garen.
5. Die Suppe würzen und kurz vor dem Servieren die verschlagenen Eier darin stocken lassen.
(auf dem Foto S. 54)

Scharf-saure Hühnersuppe

Für 4 Personen
Zubereitungszeit: ca. 1 Std.
ca. 350 kcal

2 Hähnchenbrustfilets
2 EL Erdnußöl
1 Knoblauchzehe
1 Chilischote
1 Zwiebel, 2 Karotten
200 g Bambussprossen
200 g Sojabohnenkeimlinge
2 EL Tomatenmark
1 l Hühnerbrühe
2–3 EL Maisstärke
1 TL geriebene Ingwerwurzel
2–3 EL Sojasauce
Salz, Pfeffer aus der Mühle
1 Prise Cayennepfeffer
2–3 EL Essig
250 g eingeweichte Glasnudeln (ca. 100 g Rohprodukt)
6–8 Tongupilze, eingeweicht

1. Die Filets in Streifen schneiden und im Öl unter Rühren braten.
2. Die Knoblauchzehe und die Chilischote fein hacken. Das geputzte Gemüse in Streifen schneiden. Alles zum Fleisch geben und mitbraten.
3. Das Tomatenmark und die Brühe dazugeben und 10 bis 12 Minuten kochen.
4. Die Suppe mit der Maisstärke binden und kräftig abschmecken.
5. Die Glasnudeln und die kleingeschnittenen Pilze dazugeben und nochmals erhitzen.
(auf dem Foto oben)

Gedämpfter Brotteig mit Fleischfüllung

Für 4 bis 6 Personen
Zubereitungszeit: ca. 1½ Std.
ca. 995 kcal

Für den Teig:
900 g ungesüßter Hefeteig (TK-Produkt)

Für die Füllung:
500 g gekochtes oder gebratenes Schweinefleisch
2 Knoblauchzehen
1 TL geriebene Ingwerwurzel
2 EL Sesamöl
3–4 EL Sojasauce
2–3 EL Reiswein
2 EL Maisstärke
Salz, Pfeffer aus der Mühle
1 Prise Cayennepfeffer
1 Prise Zucker

1. Den Hefeteig nach Packungsanweisung vorbereiten. Mit einem Küchentuch abdecken und etwa ½ Stunde gehen lassen.
2. Für die Füllung das Schweinefleisch durch die feine Scheibe des Fleischwolfs drehen, mit den gehackten Knoblauchzehen und dem Ingwer unter Rühren braten.
3. Die Sojasauce, den Reiswein, die Stärke und die Gewürze dazugeben.
4. Den Teig zu Bällchen formen und sie mit der Fleischmasse füllen, dann im Dampfkorb 15 bis 20 Minuten über Salzwasser dämpfen.
(auf dem Foto unten)

Wan-Tan-Teig

Für 4 Personen
Zubereitungszeit: ca. ½ Std.
Zeit zum Ruhen: ca. ½ Std.
ca. 250 kcal

250 g Weizenmehl
1 Ei
ca. 150 ml Wasser
1 Prise Salz

1. Das Weizenmehl auf eine Arbeitsfläche sieben, eine Mulde eindrücken, das Ei, das Wasser und etwas Salz hineingeben und das Ganze von innen nach außen zu einem geschmeidigen Teig verarbeiten.
2. Den Teig in ein feuchtes Küchentuch wickeln und im Kühlschrank mindestens ½ Stunde ruhen lassen. Anschließend den Teig herausnehmen, dünn ausrollen und etwa 4 Zentimeter große Quadrate ausschneiden.
3. Die Füllung auf die Teigquadrate füllen, die Ecken in der Mitte zusammenschlagen. Die Wan Tans schließen und in kochendem Salzwasser garen oder in schwimmendem Fett ausbacken.

Hähnchen-Füllung

Für 4 Personen
Zubereitungszeit: ca. 20 Min.
ca. 160 kcal

2 Hähnchenbrustfilets
4–6 Wolkenohrpilze, eingeweicht
4 Frühlingszwiebeln
4 EL chinesisches Essiggemüse
2–3 EL Sojasauce
2–3 EL Hoisinsauce
½ TL Fünf-Gewürz-Pulver
1–2 EL Maisstärke
Salz
Pfeffer aus der Mühle

1. Die Hähnchenbrustfilets mit den Wolkenohrpilzen, den Frühlingszwiebeln und dem Essiggemüse durch die feine Scheibe des Fleischwolfs drehen und dann in eine Schüssel geben.
2. Die Sojasauce, die Hoisinsauce und das Fünf-Gewürz-Pulver dazugeben und die Fleischmasse mit Salz und Pfeffer gut abschmecken.
3. Die Maisstärke darunterrühren und die Füllung zum weiteren Gebrauch bereitstellen.
(auf dem Foto: links)

Krevetten-Füllung

Für 4 Personen
Zubereitungszeit: ca. ½ Std.
ca. 310 kcal

100 g Schweinehackfleisch
200 g Krevetten
2–3 EL Schweineschmalz
1 Zwiebel
100 g Tongupilze, eingeweicht
2 EL Tomatenmark
2–3 EL Sojasauce
1 TL Fünf-Gewürz-Pulver
1 TL geriebene Ingwerwurzel
1–2 EL Maisstärke

1. Das Schweinehackfleisch und die sehr fein gehackten Krevetten mischen und im erhitzten Schweineschmalz unter Rühren braten.
2. Die geschälte Zwiebel fein hacken, die Tongupilze kleinschneiden, beides in die Pfanne geben und kurz mitbraten.
3. Das Tomatenmark, die Sojasauce, das Gewürzpulver und die Ingwerwurzel dazugeben und gut vermischen. Mit der Maisstärke binden und mit Salz und Pfeffer abschmecken.
(auf dem Foto: rechts)

FRÜHLINGS-ROLLEN MIT EIERTEIG

Für 4 Personen
Zubereitungszeit: ca. 1 Std.
ca. 810 kcal

Für den Teig:
400 g Mehl
4 Eier
1/4 l Milch
1/4 l Wasser
1 TL Salz
Fett zum Ausbacken

Für die Füllung:
4–6 Tongupilze, eingeweicht
2 Hähnchenbrustfilets
4–6 Frühlingszwiebeln
1 rote Paprikaschote
100 g Sojabohnenkeimlinge
100 g Bambussprossen
4 EL Erdnußöl
2–3 EL Sojasauce
2–3 EL Hoisinsauce
1 TL Fünf-Gewürz-Pulver
1 Prise Cayennepfeffer
Salz, Pfeffer aus der Mühle
1 Bund Cilantro
1 Eigelb

1. Das Mehl, die Eier, die Milch, das Wasser und das Salz zu einem Teig verrühren.
2. Wenig Fett in einer Pfanne erhitzen und darin nacheinander dünne Pfannkuchen ausbacken.
3. Für die Füllung die eingeweichten Tongupilze und das Fleisch in feine Würfel schneiden.
4. Die Frühlingszwiebeln putzen und in dünne Scheiben schneiden. Die Paprikaschote entkernen, waschen und fein würfeln
5. Die Sojabohnenkeimlinge verlesen, waschen und gut abtropfen lassen. Die Bambussprossen in kleine Würfel schneiden.
6. Das Erdnußöl in einer Pfanne erhitzen und die Hähnchenbrustfiletwürfel darin unter Rühren braten. Das Gemüse dazugeben und ebenfalls unter Rühren braten.
7. Die Sojasauce und die Hoisinsauce darunterrühren und das Ganze mit Gewürzpulver, Cayennepfeffer, Salz und Pfeffer kräftig würzen.
8. Den feingehackten Cilantro daruntermischen. Die Füllung vom Feuer nehmen und dann erkalten lassen.
9. Die Füllung auf die ausgebackenen Pfannkuchen verteilen und diese auf folgende Weise zusammenklappen: Die Seiten von rechts und links einschlagen, die Ränder mit verschlagenem Eigelb bestreichen und die Pfannkuchen zusammenrollen.
10. Die Pfannkuchenrollen in schwimmendem Fett oder in der Pfanne ausbacken und sofort servieren.

Feine Glückskuchen

Für 12 Stück
Zubereitungszeit: ca. 1 Std.
ca. 140 kcal

Für den Teig:
250 g Mehl
½ TL gemahlener Anis
1 Msp. Kardamom
1 Msp. Nelkenpulver
1 Msp. Salz
75 g brauner Zucker
3 Eier
2 EL Öl

Außerdem:
kleine Glücksfiguren oder
Briefchen mit Sinnsprüchen
Fett zum Ausbacken

1. Das Mehl auf eine Arbeitsfläche sieben, den Anis, den Kardamom, das Nelkenpulver und das Salz darüberstreuen.
2. Den braunen Zucker dazugeben und eine Mulde eindrücken. Die Eier und das Öl in diese Mulde geben.
3. Die Zutaten von außen nach innen mit bemehlten Händen zu einem kompakten Teig verkneten.
4. Den Teig auf einer bemehlten Arbeitsfläche dünn ausrollen und Quadrate ausschneiden. Jedes Quadrat mit einer Glücksfigur oder einem Briefchen belegen und die Ecken in der Mitte übereinanderschlagen.
5. Das Fett in einem Topf erhitzen und die Glückskuchen darin goldgelb ausbacken, herausnehmen und gut abtropfen lassen.

Rezeptverzeichnis

Brotteig, gedämpfter, mit Fleischfüllung 56
Chinakohl, rotgeschmorter 21
Ente, weißgekochte, mit Gemüse 40
Entenfleischwürfel mit Früchten 39
Fisch, gebratener, in Hoisinsauce 48
Fisch, scharf gebratener 44
Fisch mit gerösteten Fettwürfeln 52
Fischwürfel, süß-saure 44
Frühlingsrollen mit Eierteig 61
Garnelenschwänze mit Tofu 48
Gemüse, gebratenes, mit Garnelen 18
Gemüse mit Tofu 22
Gemüsedreierlei, gebratenes 22
Gemüsekostbarkeiten, geschmorte 26
Gemüsesuppe mit Schweinefleisch 56
Gemüsezehnerlei 18
Glückskuchen, feine 62
Hähnchenfüllung 58
Hähnchenstreifen mit Paprika 34
Hähnchenwürfel, gebackene, mit Gemüse 35
Hühnersuppe, scharf-saure 56
Jacobsmuscheln mit Hühnerfleischstreifen 52
Karpfen in saurer Sauce 46
Kohl, pfannengerührter roter 28
Krevettenfüllung 58
Krevettenkugeln mit Gemüsenudeln 51
Lammfleischscheiben, geschmorte 36
Mangold mit Hühnerfleisch und Schinken 25
Perlengemüse mit Hühnercreme 26
Putenfleischwürfel mit Ingwersauce 40
Rindfleisch mit Zwiebeln 32
Rotbarsch, gekochter, in weißer Sauce 52
Scampi, pfannengerührte 48
Schweinebraten, rotgeschmorter 36
Schweinefleisch süß-sauer 32
Schweinefleischbällchen, gebackene 36
Sojabohnengemüse, schnelles 28
Sprossen, rotgekochte 20
Tintenfisch mit Gemüse 47
Wan-Tan-Teig 58
Wirsing süß-sauer mit Schinken 24
Zuckererbsen mit Pilzen 28

Abkürzungen

EL	=	(gestrichener) Eßlöffel	l	=	Liter
TL	=	(gestrichener) Teelöffel	g	=	Gramm
ml	=	Milliliter	kg	=	Kilogramm
cl	=	Zentiliter	Msp.	=	Messerspitze
			Tasse	=	125 ml
				=	⅛ l

In der Zutatenliste beziehen sich die **Mengenangaben** auf die Rohware; durchschnittlich anfallende Abfallmengen sind mit einkalkuliert.

Kalorienangaben:
Alle Kalorienangaben in diesem Buch beziehen sich auf eine Portion des jeweiligen Gerichtes.

Die **Zubereitungszeit** umfaßt die Vorbereitungs- sowie die Garzeit, falls keine gesonderten Angaben gemacht werden.

CIP-Titelaufnahme der Deutschen Bibliothek

Jen, Kuo Huey:
Vom Himalaja zum Gelben Meer : chinesische Spezialitäten / Kuo Huey Jen. – Niedernhausen/Ts. : FALKEN, 1991
(FALKEN Feinschmecker)
ISBN 3-8068-1153-9

ISBN 3 8068 1153 9

Titelbild: TLC-Foto-Studio GmbH, Velen-Ramsdorf
Fotos: S. 7 IFA-Bilderteam/Aberham, München; S. 8/9: Bildagentur Schuster/Scholz, Oberursel; alle übrigen Fotos: TLC-Foto-Studio GmbH, Velen-Ramsdorf
Gesamtkonzeption: Falken-Verlag GmbH, D-6272 Niedernhausen

817 2635 4453 6271